探索发现科普知识
——系列丛书——

神奇的植物

张　俊◎主编

团结出版社

图书在版编目（CIP）数据

神奇的植物 / 张俊主编 . -- 北京 : 团结出版社 ,2024.3

（探索发现科普知识系列丛书）

ISBN 978-7-5234-0862-9

Ⅰ . ①神… Ⅱ . ①张… Ⅲ . ①植物—青少年读物

Ⅳ . ① Q94-49

中国国家版本馆 CIP 数据核字 (2024) 第 055287 号

出　　版：团结出版社

　　　　　（北京市东城区东皇城根南街84号　邮编：100006）

电　　话：（010）65228880 65244790

网　　址：http://www.tjpress.com

E-mail：zb65244790@vip.163.com

经　　销：全国新华书店

印　　装：三河市龙大印装有限公司

开　　本：170mm×240mm　　16开

印　　张：6

字　　数：70千字

版　　次：2024年3月第1版

印　　次：2024年3月第1次印刷

书　　号：978-7-5234-0862-9

定　　价：215.00元（全12册）

前言

PREFACE

　　在自然界中，生物的足迹遍布各处，无时无刻不在展现着生命的活力。植物是地球生命的重要组成部分，数个世纪以来，人类不断惊异于它们生存、繁育所演绎出的一个又一个奇迹。

　　比起动物，植物是地球上更为古老的居民，它们经历了数亿年的漫长岁月，才完成了从简单到复杂，从低级到高级，从水生到陆生的进化，形成我们现在所看到的植物界。据估算，现存植物物种大约有350000个，它们有的会"害羞"，有的会"说话"，有的很"顽皮"，有的则很爱"睡"……它们的奇趣异彩装点了大自然，也为人类的物质、精神生活需要提供了基础。

　　许多人可能都没有注意到，我们每一次踏过的草丛，每一次嗅过的花朵，每一次倚靠的大树，它们的成长正如地球上的每一个生命，都是有故事的。

目录
CONTENTS

part 1 植物的天地

part 2　果实和种子

part 3　美丽的花朵

part 4　神奇的特性

part 5　植物中的珍宝

part 1

植物的天地

植物绿叶中藏着什么秘密?

　　一到春天，小草吐出嫩芽，是绿色的，大树抽出绿色的枝条，也是绿色的。为什么自然界中的植物大都长绿叶呢?

　　原来，植物进行光合作用的"工厂"是叶子中的叶绿体。叶绿体中最主要的色素是绿色的叶绿素，此外还有橙黄色的胡萝卜素和黄色的叶黄素。它们能分别吸收不同光谱的光进行光合作用。胡萝卜素和叶黄素主要吸收蓝光和蓝绿光；叶绿素主要吸收红光和蓝紫光，对红光和蓝紫光之间的橙、黄、绿色光吸收很少，其中尤以对绿光吸收最少，这样，才使绿光能够反射出去。被吸收的光我们就看不到了，我们眼睛所能看到的是被植物叶子反射的光。在自然界中，绝大多数植物叶子含叶绿素最多，由于其对绿光的反射作用，所以我们一般所看到的植物叶子都呈现绿色。

▶植物的叶子大多都是绿色的

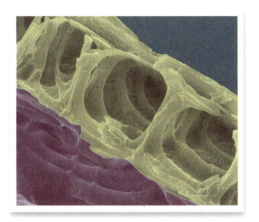 

动物与植物究竟哪里不同?

地球上的生物主要是动物和植物,可作为生命体,到底是什么让动物与植物有了根本的区别呢?植物细胞是由液泡、线粒体、叶绿体、细胞壁、细胞膜、细胞核组成的,而动物细胞是由线粒体、细胞膜、细胞核组成的。因此,植物细胞与动物细胞的主要区别就是植物细胞有细胞壁、叶绿体,还有成熟的大液泡,且在分裂的时候还有细胞板。

植物只向上生长的原因是什么?

种子生根发芽,努力向上生长,为什么植物都只向上生长呢?因为有了太阳光的照射,植物的叶子才会生长。有了叶子,植物才能利用阳光进行光合作用,制造自己所需的养料。光线只有地面上才有,所以植物总是从地下钻出来,然后一直往上长。

▶无论植物还是人类,生长都离不开太阳

植物的根为何朝下生长？

我们很少见到植物的根是向上生长的，这是什么原因呢？原来，在根的顶端有一处像帽子的部分，这就是根冠。根冠的细胞里积累了大量的钙，从而控制着植物的根朝下生长。此外，地下水也是吸引根向地下生长的原因，而且越是潮湿的地方，根往往长得越密。有些长在沼泽地里的树木，根会向上伸出淤泥。这是一种特别的呼吸根，它能适应淤泥里缺少氧气的环境条件。

▶根部长在水里的植物

水生植物的根是如何呼吸的？

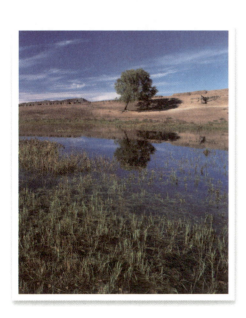

美丽的花枝配上漂亮花瓶是装点居室的佳品，可让人失望的是，用不上几天，浸在水中的茎秆就烂了。可我们看到生长在水中的荷花却生长得很好，这是为什么呢？其实，植物的根既能吸收养料和水分，也能进行呼吸。在植物根的表皮上，有一层半透明的膜，土壤中的空气就透过这层薄膜扩散到根里去，植物也就获得了氧气。如果土

▶水生植物

壤积水，空气减少，根呼吸不到氧气，植物就会腐烂，甚至死亡。而水生植物的根内部细胞间隙较大，上下连通，空气可自由出入，根表皮的半透明膜的渗透能力强。这样，水生植物的根就能吸收水中的氧气，通过内部细胞间隙，供根呼吸。另外某些水生植物的茎、叶还能储存水，所以不会腐烂、死亡。

▌植物的叶子全都是扁平的吗？

　　虽然自然界的植物叶子是各不相同的，但大多数叶子都是扁平的。其实这也是自然选择的结果。扁平展开的叶片与外界接触面积最大，可以充分接受太阳光的照射从而进行光合作用。不过，植物的叶子并非全部如此，例如在干旱及寒冷地区生长的杉树、仙人掌等的叶子就是针状的；猪笼草的叶片前半部分是瓶状捕虫器；豌豆为了适应攀缘的生活方式，一部分小叶逐渐演变成卷须形状。除了这些，在自然界中，由于生活环境的不同，也有一小部分植物为了适应独特的生存环境，长有其他形状的千奇百怪的叶子。

▶猪笼草

秋天的落叶是因风而落吗？

▶ 落叶知秋

秋天，天气转凉，树叶就会从树枝上脱落，这是为什么呢？这是树木为了降低水分蒸腾和减少养料消耗，以确保自己能安全过冬的自然现象。

绿叶的主要作用是吸收太阳光进行光合作用制造养料，以及蒸腾水分。蒸腾水分可以使树木调节自身温度，不至于在炽热的阳光下被灼伤。通常气温越高，树木水分蒸腾得越多。秋季来临，雨水稀少，空气干燥，土壤中的含水量也随之减少，满足不了树木生长的需要。加上日照时间的逐渐缩短，为了保证自身有充足的养分，此时树叶中会产生一种激素——脱落酸。当叶片中的脱落酸输送到叶柄的基部时，在叶柄基部会形成一层非常小而细胞壁又很薄的薄壁细胞，即离层。离层形成后水分就不能再正常输送到叶子里。叶子由于得不到水分的正常补充，会逐渐干枯，在脱落酸的作用下，离层周围会形成一个自然的断裂面。这时，秋风微吹便会落叶纷飞，甚至无风时叶片也会自己落下。

树木保有多少叶子才能生存？

害虫主要是吃植物的叶子，可对于一棵树，损失掉多少叶子才会死亡呢？经试验研究发现，树木吸收的二氧化碳少不能进行光合作用时，树木就会死去。也就是说，当90%的树叶被损害后，树木仍有生命力，而如果95%的树叶被损害，树木就无法挽救了。

▶ 枯树

▶植物的光合作用为人们制造了足够的氧气

植物是如何净化空气的?

植物不仅可以美化我们的环境，还可通过光合作用吸收二氧化碳释放氧气，有些植物还可以吸收空气中的甲醇、氨、苯等物质，从而可以净化空气。根据科学研究，这些绿色植物通常是靠叶子的细微舒张来吸取这些化学物质的，这些绿色植物中多含有挥发性油类，具有显著的杀菌功能和抗毒能力，能吸收空气中一定浓度的有毒气体，如二氧化硫、氮氧化物、甲醛、氯化氢等，如绿萝、发财树、吊兰等观叶植物对吸附放射性物质具有很强的功效。

因此，如果能在居室中平均每10平方米放上一两盆具有净化空气功能的花草，基本上可以起到清除空气污染的效果。

植物的长根须有什么作用?

植物的根须不但多而且长,比地面上的茎要多几倍,甚至几十倍。如山坡上的枣树一般高三四米,它的根垂直深度竟达10多米;一株小麦有7万多条须根,长约500米,如果将它的根、根毛连起来,总长度可达20多千米。植物长这样多且长的根须是因为植物在生长过程中,需要吸收大量的肥料和水分来供给枝叶生长,植物的根系越发达,枝叶就越繁茂;反之,则枝叶枯黄,生长发育不良。其次,植物拥有发达的根系还可抵抗一定的自然灾害,如大风、大雨、洪水的冲刷等。此外,有些植物还长有气根,如高粱、玉米等,这些"气根"部分或全部露出地面,除了可固着植株外,还能吸收大气中的水分和养分,促进植物的生长。

▶小麦、水稻看似不高,其实它们也有发达的根系,一株小麦有7万多条须根,长约500米,比它的茎可长很多啊

植物也懂"爱"与"恨"吗?

我们生活的地球,并不是只有人类和动物才懂得好恶,植物也有"爱恨"之分。当然这种"爱和恨"不是感情的表现,而是体现在生长状况上,有的植物能与其他植物成为"好朋友",有的植物之间则是天生的"冤家对头"。

科学家经过实践证明,洋葱和胡萝卜是好朋友。它们发出的气味可驱赶彼此的害虫;大豆喜欢与蓖麻相处,因为蓖麻散发出的气味使危害大豆的金龟子望而生畏;玉米和豌豆种在一起,两者生长健壮,相互得益;葡萄园里种上紫罗兰,结出的葡萄香甜味浓;玫瑰和百合种在一起,花繁叶茂;在月季花的盆土中种几棵大蒜或韭菜,能防止月季得白粉病。

而另一些植物之间则是"冤家对头",彼此水火不容。如丁香花和水仙花不能在一起,因为丁香花的香气对水仙花危害极大;郁金香和毋忘草、丁香花、紫罗兰都不能生长在一起,否则会互不相让;小麦、玉米、向日葵不能和白花草、木樨生长在一起,不然会使这些作物颗粒无收;另外,黄瓜和番茄、荞麦和玉米、高粱和芝麻等,也都不能种在一起。

▶ 胡萝卜和洋葱是好朋友,可以种在一起

植物也懂"利益"的互惠？

对于有性繁殖的植物来说，一定要成功授粉才可能繁衍下去，而这就要通过花粉传递。为什么花粉传递如此重要呢？这主要是因为花粉里包裹着精子。除少数植物能进行自花授粉之外，大多数植物需要外力的帮助才能实现传粉。为了能繁殖后代，植物施展了多样的策略来调控花粉的命运。

白天开花的植物往往利用鲜艳的颜色——多为黄色、紫色、蓝色或红色——吸引白天活动的动物传粉。夜间光线暗淡，气味就成了植物引诱传粉者的一个重要途径。此外，夜间开放的花常为白色，也便于蛾类、蝙蝠等夜间活动的动物借助月光、星光，在黑暗中发现花朵。

也有些植物既可以利用白天的传粉者，又可以利用夜间活动的昆虫进行授粉。例如，忍冬科植物忍冬，俗称金银花，因其花有黄、白两色而得名。对这种植物的研究发现，白天有蜂类访花，夜间有蛾类昆虫访花。蜂类虽然从花药中移出了较多的花粉，但也消耗了大部分花粉，相对而言采食花蜜的蛾类传粉效率更高，且可将花粉散布得更远，所以金银花通常在黄昏后开花，先让蛾类传粉。

还有一种兰花，在微风吹动下很像一群舞动的蜜蜂。真的蜂群为

▶ 勤劳的小蜜蜂不仅收获了自己的"甜蜜"，也为花朵传了粉

了保护自己的领地不受侵犯，立即群飞而来，向兰花发起反复攻击。然而它们哪里知道，这种攻击恰恰替植物做了一件最有意义的事：传播花粉。

如果传粉者访问了某种植物的花，却发现没有报酬或报酬已经被其他传粉者取走，传粉者就会留下记忆，转而去寻找其他植物的花，以避免徒劳无功。有些植物会通过花色变化提示传粉者花内报酬的现状。当花被传粉者造访之后，花的颜色发生改变，让新开的、含高报酬的、还未传粉的花更为显眼。这样，不仅传粉者可以提高觅食的效率，未授粉花的访问也得到了保证，植物因此受益。

▶草原上虽然是茫茫绿色，但树木却很少

草原上很少见到树木的原因是什么？

天苍苍，野茫茫，风吹草低见牛羊，为什么是草低？为什么草原上很少见到树？

在草原上，除了灌木丛外，很少能见到高大的树木，这是因为草原上的土壤贫瘠、腐殖层薄，一般只有20厘米左右。在这么浅的土层中，高大的树木是很难生长的。另外，土层薄就吸收不了多少水分，加上草原上的风大，水分蒸发快，土壤中的水分很快就散失了。而树木的生长需要大量的水分，在缺少水分的土壤中，树木就难以生存。

草原水甸附近水分充足，但在水分、养分过于充足，温度较低的地方也不适宜树木的生长，因此草原湿地也没有高大的树木。

除了土地原因，还由于草原牧民长期逐水草而居，无固定居住地，传统的生产生活方式使他们没有养成植树造林的习惯。

白桦树的白皮是如何产生的？

对于树，我们并不感到陌生，一般来说，树皮分三层，从内往外分别是栓内层、木栓形成层和木栓层。木栓层的细胞都是死细胞，呈褐色，所以基本上树皮的颜色都是褐色的。但是，白桦树的树皮发育比较特殊，虽然它的木栓层也是褐色的，但是在这层外面，还含有少量的木栓层组织，而这些组织是白色的，所以，白桦树皮便呈白色了。

▶ 白桦树

树真的怕被"剥皮"吗?

俗话说:"人怕伤心,树怕剥皮。"既然树是靠叶子的光合作用来自我供养的,那树皮被大面积剥掉以后,为什么会导致整棵树木的死亡呢?

原来在树皮中有一层韧皮组织,韧皮组织中有一条条的管道负责运输来自根部的水分、无机盐等各种营养物质。而树皮以内的木质部其实是由树皮里的细胞死亡后残留的纤维组织构成,基本没有活的细胞组织,只起到一个支撑作用。所以就算树木中间的木质部分没有了,只要树皮还在,就不会影响到营养物质的传递,树木仍能正常生长。如果树皮被大面积剥掉,韧皮部受损,树根会因得不到有机养分而死亡,从而导致整棵树的死亡。

▶ 树皮可为树木输送水分等营养物质,树不怕空心,最怕剥皮

植物的叶脉有什么用处？

每一片叶子上都分布着粗细不均的叶脉，这些叶脉对于植物到底有什么用呢？其实，植物的叶脉就像我们人类的血管，而且作用和血管也十分相似。当植物的根从土壤中吸收到水分和营养，那么叶脉就会把它们输送到其他各部位，以满足植物对营养物质的需求，保证植物的正常生长发育。此外，叶脉还有一个重要作用，那就是充当骨干，支撑树叶。如果没有叶脉，树叶就会耷拉着脑袋，挤凑在一起，见不到阳光，停止生长。

▶ 叶脉

植物的叶子也能吸收肥料吗？

大家都知道，植物所需要的无机养分是靠根来吸收的，但是你可能不知道，叶子也能吸收肥料。其实，叶子要进行光合作用、呼吸、气体交换，都是因为叶面上有气孔。如果我们把肥料喷到叶子上，那么肥料便会被长在植物身上的特殊"嘴巴"——气孔吃进去。等肥料进入细胞组织之后，会借助细胞间的运输能力传送到植物体内的其他部位。通过实验发现，把含放射性元素的肥料喷到叶面上，几天之内便可到达根部，而且肥料利用率高，用量少。

树梢上的叶子为何总是最后落下?

对自然界如果充满了好奇,你会在深秋时节发现,最后落下的一定是树梢的叶子,这是什么原因呢?

树木在成长中,为了不断向上发展以开枝展叶,便会把许多养分往上输送至枝干及树梢,当枝梢获取到充足的养分后,就会不断抽枝长叶,同时利用叶子制造新的养料。天气变冷时,树木的生长会变得迟缓,内部养料供应也受到限制,加上叶子制造养料的功能也开始退化,为了保持内部平衡,减少多余负担,靠近主干也就是最早长出的老叶会最先落下。

树梢因为一向得到最多的养料,所以尽管树木提供的养料越来越少,树梢仍能靠之前积存的养料撑一段时间。另外,树梢的叶子总能见到充足的阳光,叶绿素未完全破坏时仍可制造些许养分维持其生存。所以,由于养料充足,树梢的叶子往往是最晚掉落的。

▶ 树梢的叶子总是最后落下

苔藓是天然的环境监测仪吗?

苔藓分布很广，一般只要是潮湿的环境都可以找到它们。它们长得都不大，而且大多数种类的构造都很简单，叶片没有保护层，很容易受到外界气体入侵。一般情况下如果空气中的二氧化氯浓度超过千万分之五，苔藓的叶子就会变成黄色或黑褐色，并在几十个小时后干枯死亡。所以说，在环境污染监测中，苔藓是天然的环境监测仪。

▶苔藓喜欢生活在阴湿的环境里

part 2

果实和种子

植物的种子是"大力士"吗?

种子在萌发过程中充满着巨大的活力,它们不仅能破土而出,而且即使掉在悬崖峭壁上,它们也能排除各种障碍,啃裂石头、钻进石隙,长成一棵盘根错节的大树。曾经有人利用种子的力量解决了一个难题。曾有几位生理学家和医生,他们为了研究骷髅头骨,想方设法

要把头骨完整地分开来,但刀和锯子都没法将之切开,锤和斧则只会将它击碎。怎么办呢?最终,他们找到了方法,那就是把一些植物的种子放在要剖析的头盖骨里,给予适当的温度和湿度,使种子发芽。一发芽,这些种子便以可怕的力量,将一切机械力所不能分开的骨骼,完整地分开了。

▶ 无论岩石还是瓦砾,都阻挡不了种子的力量

即便是被压在瓦砾和石块下面的一棵小草,为了获得阳光、为了生长,不管上面的石块如何重,石块与石块之间如何狭窄,它总能顽强地长出地面。不管在何种地方,只要有植物的种子扎下了根,就总能推开任何阻碍。

世界上种子最大和最小的植物是什么?

被子植物种类繁多,它们的种子也各式各样,目前种子最大的植物当数复椰子树,种子最小的当数斑叶兰。

复椰子树生长在非洲东部,树高15~30米,树干通直,直径约30厘米,复椰子树的果实也像椰子一样,果皮是由海绵状纤维组成的。去了这个纤维就能见到有硬壳的内核,即所称的种子。复椰子树的种子是植物界最大的种子,一粒复椰子树的种子长达50厘米,中间有一道沟,好像两个椰子合起来一样,其质量超过5千克。这样大的硕果成长期也很长,复椰子的雌花从授粉到果实成熟需要10~13年之久,种子发芽期也需3年,而且要求烈日照晒。

斑叶兰为兰科,属多年生草本植物。它的种子小得简直像灰尘一样,5万粒种子只有0.025克重,1亿粒斑叶兰种子才50克重。人们至今还没有发现比这更小的种子。因种子太小,几乎不太可能由种子萌发来繁殖,一般都只能分株繁殖,这也就导致了斑叶兰数量的稀少。

21

▶复椰子

植物的种子会"休眠"吗?

有些植物成熟的种子在外界温度、水分、氧气等条件适宜的情况下，不能及时萌发，必须经过一段时间以后才能萌发的特性叫种子的休眠。种子为什么会休眠呢？科学家发现，其有如下几种原因。

1. 有些植物的种子种皮坚硬致密，很难透水、透气，因此在条件适宜的情况下也不萌发，如皂角、莲的种子就属于这种情况。

2. 有些果实的果肉、果汁或种皮里含有对生长起抑制作用的物质，如番茄、柑橘、瓜类含有有机盐、植物碱；蚕豆种皮含有单宁；桃、杏种子含有可释放氢氰酸的苦杏仁苷。这类种子只有脱离果实，消除抑制物质的影响后才能萌发。

▶种子休眠是植物进化中形成的一种自我保护方式

3. 有些种子虽然脱离了植物体，但是种子的胚还没有发育成熟（如银杏），这一现象称为种子的后熟作用。对于胚没有发育成熟的种子，可以采用低温沙藏法进行处理（一般在0～6℃条件下经过数周或数月才能萌发）。一般而言，热带地区气候条件比较温和，常年都有适合种子发芽和幼苗生长的环境，种子多数具有易发芽的特性，休眠期普遍较短或没有休眠期。在北方地区由于冷暖交替，气候条件多变，种子都具有一定的休眠期，这样就可避免受到冬天严寒的伤害。因此，种子休眠是一种抵抗不良条件的适应性，这是植物长期进化中形成的一种自我保护方式。

植物可以利用人和动物传播种子吗？

鬼针草、苍耳等植物的种子上长着钩或者刺，它们的种子经常会附着在动物的皮毛和人的衣服上。其实这也是植物传播种子的一种方式。

这些植物的种子就是专门靠人或动物来传播的，这些种子一旦附着到动物或人的身上，就会被带走。如果遇到适合生长的环境，到了第二年春天，就会长出新的幼苗。

▶苍耳依靠附着在动物或人的身体、衣服上进行传播

"瓜熟蒂落"是怎么回事?

"瓜熟蒂落"作为一个成语广为人知,指瓜熟了瓜蒂会自然脱落。事实上,在自然界中确实如此。为什么瓜熟了的时候会"蒂落"呢?

原来,果实成熟的时候,在瓜果的底部或者果柄上会出现一个特殊的结构,叫"离层"。由于果实成熟后,植物体内的物质发生变化,离层细胞会产生分解酶,使细胞壁的中胶层分解,从而使细胞彼此分离开来或者使细胞壁分解。这样果柄部原来吸得比较紧的植物细胞发生分离,再加上果实本身的重力和风等其他力的作用,就会在"离层"处断裂,造成落果现象。

▶瓜熟蒂落是一种自然现象

柳树的种子长什么样？

　　柳絮即是柳树的种子，上面有白色茸毛，随风飞散如飘动的棉絮，所以被称为柳絮。柳树属于风媒花，即利用风力作为传粉媒介的花。风媒花的种子一般较轻，所以会随风飘散。柳树的种子上长有长长的白色茸毛，增加了种子的浮力，以便于风力传播。

▶ 柳絮

黄豆是如何传播种子的?

黄豆、黑豆等大豆的果实为荚果,果实开裂方式为二裂。当大豆成熟并干硬到一定程度时,荚果的两片会突然炸开、卷曲,依靠自身的这种弹力将种子弹出,从而达到传播种子的目的。大豆传播种子的方式属于弹射传播。

▶黄豆依靠豆荚炸裂,将种子弹射出去

夏季多雨瓜果就不会太甜吗?

▶夏季若雨水多,光照减少导致瓜果糖分少,所以就不是很甜了

夏季是瓜果丰收的季节,但不知你是否注意到,若夏季雨水多,西瓜、甜瓜等水果就不如雨水少的季节甜,这其中存在怎样的科学道理呢?

瓜果中除了水分之外,主要就是糖分了,这些糖分主要通过叶片的光合作用而产生。在光照充足的情况下,叶子就能通过阳光制造出很多糖分,多余的都贮藏在瓜果里。在瓜果生长过程中,若阴天或雨水较多,没有足够的阳光,叶子就不能进行光合作用制造糖分,所以瓜果就不怎么甜了。

新疆哈密瓜特别甜的原因是什么？

哈密瓜是甜瓜中的优良品种，味甜、果实大，其中以新疆哈密所产最为著名。哈密瓜在其他地方也有种植，但都不如新疆产的甜美可口，这是为什么呢？

新疆的哈密瓜之所以特别甜主要是因为其特殊的生长环境。新疆气候干燥，白天日照时间长、温度高，光合作用强，瓜果产生的有机物多。而晚上温度低，与白天温差较大，植物的呼吸作用减弱，消耗的有机物较少。所以瓜的液泡中储存的水分、细胞核中的有机物就多，糖分含量也就高。因此，瓜就特别甜。

▶哈密瓜有多个品种，其中以新疆哈密所产最甜

香蕉里到底有没有种子？

很多水果的种子都包含在果实中，但吃掉香蕉果肉，我们只看到了香蕉皮，香蕉的种子在哪里呢？

其实，我们现在吃的香蕉是经过长期的人工选择、培育后的品种。原来的野生香蕉也有一粒粒很硬的种子，吃的时候不方便。后来在人工栽培、选择下，香蕉逐渐改变了结硬种子的本性，形成了没有繁殖能力的三倍体（三倍体是由二倍体和四倍体杂交来的，由于染色体数目是6，在减数分裂的联会时候发生紊乱，无法形成配子，就不能生成种子）植物。现在香蕉中那一排排褐色的小点就是已经退化的种子。由于香蕉的种子退化了，人们常通过吸芽进行香蕉繁殖，通过香蕉地下的根蘖（从根上长出不定芽伸出地面而形成的小植株）幼芽来培育它的后代。

▶ 香蕉

甘蔗最甜的部分是哪头？

你一定吃过甘蔗吧，那么你知道是根甜，还是梢甜吗？其实，"甘蔗老头甜，越老越新鲜"，这句话就告诉我们，甘蔗上半截没有下半截甜。

一切植物，都有这样的特征——养料除供自身生长外，多余的就贮藏起来，而大多贮藏在根部，且多半是糖和淀粉。甘蔗茎秆制造成的养料绝大部分是糖，所以根部糖分最多。

此外，因为甘蔗叶的蒸腾作用，需要大量水分，所以叶子和梢头总有充足的水分，而根部却水分很少，梢头的大量水分冲淡了其中的糖分，所以梢头没有根部甜。吃甘蔗要吃根，知道原因了吧。

▶跟甘蔗很像，没结玉米的玉米秸秆也含有一定的糖分，比较甜

松树的果实是松子还是松球？

每当从松树下走过，总能捡到或看到一些塔状的松球，张开的鳞片十分坚硬，偶尔还能从中得到一两个松子。松球和松子到底哪个是松树的果实呢？

松树的果实并不是松球，松子才是松树的种子。

其实，松球只是松树的果穗，果穗是果实聚集在一起形成的穗，松子就在果穗中生长发育。一般松树的雌球花在传粉后，鳞片闭合，球果开始缓慢发育；在受精之后球果才会迅速生长。到第二年的夏末和秋季前后成熟。大多数松树球果成熟后不久鳞片便张开，松子也即松树的种子就迅速脱落（马尾松、油松等）。有少数松树的鳞片张开和种子脱落过程要持续几个月之久。

▶松球和松子

西瓜的生熟如何进行鉴别？

西瓜是夏季人们消暑解渴的主要水果之一，成熟的西瓜瓜瓤鲜红，含糖量高，吃起来非常甜。如何鉴别西瓜的生熟，以保证能吃到美味呢？

通常人们都是用手拍打西瓜，凭借手的感觉和声音来鉴别西瓜的生熟。但此法一般是较有经验的人才能办到，通过看瓜蒂鉴别西瓜的生熟相比而言要更简单一些。瓜蒂是西瓜连接西瓜秧的地方，成熟西瓜瓜蒂部向内收缩、凹陷，瓜蒂卷曲，果柄上的茸毛稀疏或脱落。且瓜蒂凹陷越深，表明成熟度越佳。

▶通过西瓜的瓜蒂和瓜脐可以判断西瓜的生熟

西瓜子会在肚子里发芽吗？

▶西瓜子并不会在人的肚子中生根发芽

有些大人经常对自己的孩子说：吃西瓜要吐子，否则西瓜子会在肚子里生根发芽，然后长出小西瓜。那么，西瓜子在人的肚子里真会生根发芽吗？答案当然是：不会。

自然界中很多植物都是通过动物吃掉果实、排泄出种子来达到传播种子的目的。这些植物经过长期的进化，在种子的表皮形成一层膜，动物的肠胃没有消化这种膜的酶，就无法消化种子。西瓜的种子不会被消化，是因为西瓜也是通过这种方式传播种子的。所以，人们吃掉的西瓜子不会在肚子中发芽，而是会随着人的粪便被排泄出来。

桃仁、杏仁可以生吃吗？

我们都吃过桃子和杏，这是两种十分常见并且美味的水果。但是，你知道吗，其实它们那柔软多汁的果肉里却包藏着一颗令人致死的祸心——种仁。误食了种仁，轻则呼吸困难，重则惊厥、昏迷、抽搐，甚至死亡。

原来，在桃、杏的种仁里含有一种氰苷。当它发生水解后，分子中所含的羟氰部分最终变成氢氰酸游离出来。氢氰酸是一种剧毒化合物，它就是种仁使人中毒的最根本原因。

苦杏仁苷可在酸水中加热水解。如果遇到一些特殊的酶类物质，如甘杏仁苷酶等，则在常温下遇水就能迅速分

▶杏仁与杏仁汁

解。杏仁中恰恰含有这种酶，若咬碎吃进胃里，苷和酸一起溶到酸性的胃液里，就会使苦杏仁苷迅速水解而产生氢氰酸。据检测，有些杏仁中的苦杏仁苷含量高达3%。

所以，千万不要生吃桃和杏的果仁。

part 3

美丽的花朵

神奇的植物

▶樱花是先开花后长叶

植物都是先长叶后开花吗?

在生活中,也有一些植物是先开花后长叶的,如蜡梅、玉兰、梅花,而毛桃、苹果等,则是叶、花同时出现。这是为什么呢? 要说明这个问题,就得从花和叶的结构谈起。一般来说先开花后长叶的植物,它们的花和叶大都在上一年秋天已经长成,只是包在芽里。到了春天,气温逐渐升高,各部分就慢慢生长起来,形成开花长叶的现象。

但是,植物的器官对环境的温度要求有所不同,像桃树的叶芽和花芽对温度要求相差不多,因此花和叶就差不多同时开放;而蜡梅、玉兰则有一些不同,它们的花芽要比叶芽需要的温度低一些,所以花芽先逐渐长大开花,过后叶芽才慢慢长大。因此才有先开花后长叶的现象。

一朵花的主要部分是什么？

花柄、花托、花萼、花冠构成了一朵美丽的鲜花。其中花萼（由许多片萼片组成，花开放以前保护花的内部结构）和花冠合成花被。花被中长有雄蕊和雌蕊，雄蕊和雌蕊合称花蕊。雄蕊由花药（里面有花粉）和花丝（支持着花药）组成；雌蕊由柱头、花柱和子房组成，而子房里面有胚珠。花粉落到柱头上以后，经过一些重要的变化，子房发育成果实（子房壁发育成果皮，胚珠发育成种子）。可以说一朵花中，只有花蕊与结出果实的种子有直接关系。所以说，花蕊是一朵花的主要部分。

35

▶花蕊是一朵花的主要部分

▶花朵颜色大多都十分鲜艳

花儿为什么是五颜六色的？

百花争艳的场景往往令人眼花缭乱，为什么花儿会五彩缤纷，有各种不同的颜色呢？

这是花朵内含有的多种神秘的色素所致，如花青素、类胡萝卜素、类黄酮等。在橙黄色的花瓣中，含有大量花葵素和类胡萝卜素。花葵素是一种特殊的花青素，如花青素较多而占主导地位时，花色为以红色为主的橙色；如果类胡萝卜素占主导地位时，花色则为以黄色为主的橙色。

白色花给人以高贵、典雅的感觉。但白花的白颜色并不是由并不存在的"白色素"产生的，而是由于花瓣中大量细小的气泡产生的。其实，自然界中并不存在纯白色的花，再白的花也是用肉眼难以察觉的浅黄色的。

黄色花包括了奶油色、象牙色在内的各种层次色彩的花。非常浅的黄色花仅仅含有一种类黄酮色素，颜色较深的黄色则是由类胡萝卜素造成的。

为什么有的花呈粉红色，有的花呈红色，这其实不过取决于花瓣中花青素含量多少而已。花青素含量少者，花朵呈粉红色；花青素含量多者，花朵呈红色。

为何"艳花不香，香花不艳"？

大自然中的花朵，通常都是"艳花不香，香花不艳"，其实这是物种适应进化的结果。对植物来说，花的色彩和香味都是用来引诱昆虫传粉的手段。而昆虫对花朵的要求，有的只认颜色，有的只凭花香。所以，花朵只要满足其中的一种要求，就能传播花粉，繁衍后代。也就是说，艳丽的花朵凭借美丽就能吸引昆虫，不必带香。而素淡的花朵，只用香味就能招惹蜂蝶了。

▶ 颜色鲜艳的小花

花粉的寿命有多长？

▶ 棉花

各类植物花粉的寿命，由其温度与湿度的供应条件决定，并没有一定的寿命长短可言。一般来说，稻子的花粉寿命大概只有5分钟，棉花的花粉则有2～3天的寿命。通常在低温、干燥的情况下，花粉的寿命可以延长。比如苹果花粉，如果条件适当，可有5个月的寿命，而梨花粉甚至有一年的寿命。

把花粉储存在瓶子中，隔一段时间再取出来，在雌花开花的当天进行授粉。新鲜的花粉经过授粉后可以结出果实，而花粉储存时间太久，便逐渐丧失受精能力，用这个方法就能测出花粉的实际寿命。

黑色的花为何很少见？

在花朵盛开，百花争艳的季节，人们可尽情欣赏花朵的艳丽，但是在万紫千红的花卉中却很少见到黑色的花朵，这是为什么呢？

经过有关专家长期的观察和实验，终于解开了这个谜。原来太阳光是由七种光组成，分别为红、橙、黄、绿、蓝、靛、紫。它们的波长不同，所含的热量也不同。众所周知，花的组织，尤其是花瓣一般都较柔嫩，易受高温伤害。所以红、橙、黄色的花较多，是因为它们能反射阳光中含热量较多的红光、橙光、黄色光，不致引起灼伤。但黑色花则相反，它可以吸收全部的光波，导致在太阳光下升温快，其花组织容易受到灼伤。

所以，在长期的进化过程中，经过自然法则的选择，黑色花的品种越来越少，所剩无几。有关专家对4000多种花进行统计，发现只有8种花是黑色的。在植物界黑色花如此之少，使黑色花被园艺家视为名贵品种，成为花中珍品。

▶ 花朵颜色大都非常鲜艳，黑色的花朵十分少见

昙花 "一现" 到底有多久?

美丽的昙花开放时，外围多是淡红与淡紫色，中间洁白如雪，盛开后比碗口还大。但美丽总是短暂的，昙花一般在晚上8～12时开花，3～4个小时即凋谢，故有"昙花一现"的说法。为什么昙花只是一现呢？

昙花是仙人掌科植物，原产于南非、墨西哥等地区，是属于热带沙漠里的旱生性植物。由于沙漠地区白天气温非常高，娇嫩的昙花只有在晚上开放才能避开白天强烈阳光的炙烤，而昙花又属于虫媒花（以昆虫为媒介传授花粉），沙漠地区晚上八九点钟正是昆虫活动频繁之时，所以，此时开花最有利于授粉。因此昙花就选择在这个时间段开放。午夜以后，沙漠地区气温过低，不利于昆虫的活动，就不利于昙花的授粉。昙花开花时间短可以减少水分的流失，所以一般午夜之后昙花就凋谢了。因此要想欣赏美丽的昙花，就只有熬夜等待了。

▶ 菊花

菊花为何选择在秋天开放？

　　菊花为菊科多年生草本植物，其花瓣呈舌状或筒状，是经长期人工选择培育出的名贵观赏花卉。菊花一般于秋季开放，甚至在深秋季节，菊花仍能华丽绽放。为什么菊花选择在秋季开放呢？这与菊花的生长习性有关。

　　菊花属于短日照植物，光照短于12小时才能正常生长开花，且菊花的适应性很强，喜凉，较耐寒，生长适宜温度为18～21℃。而在我国北方地区秋天昼长夜短，温度条件也符合菊花的生长需求。因此，菊花一般于秋季开放。若想要菊花提前开放，可用人工的方法遮住阳光，缩短菊花的日照时间，菊花就可在需要的时候开花了。

竹子开花是一件好事吗?

竹子以其中空、有节、挺拔的特性历来为中国人所称道，成为中国人所推崇的谦虚、有气节、刚直不阿等美德的生动写照。竹子为有花植物，自然要开花结实，但与其他有花植物不同的是竹子开花却是它生命结束的一种征兆。

一般竹子在开花前一年即不长笋，开花后，竹茎一两年内就会干枯死亡，为什么竹子开花后就会死亡呢? 对此，科学家给我们做出了解释。

竹子属于一次性开花植物，即一生就开一次花，其特点是：生长前期营养生长占优势，当营养生长达到一定阶段后，生殖生长就渐渐转向优势，最后开花结实。因为开花结实要消耗掉大量的有机养料，而这些养料来自根、茎、叶，所以开花结实后，营养器官中贮存的养料大部分被消耗，竹子不能再生长下去，就逐渐枯死了。一次开花植物小麦和水稻也是如此。竹子开花，使竹鞭和竹茎贮藏的养分被

► 已死亡的竹子

消耗尽，多数种类，如毛竹、梨竹等，开花后地上和地下部分全部枯死。但是，像斑竹、桂竹、雅竹等少数竹种，开花后地上部分死亡，而地下部分的芽仍能复壮更新。也有个别竹种，如水竹、花竹等，开花后植株叶片仍保持绿色，地下部分也不枯死。不过，应尽快砍去花枝，以减少营养消耗，从而保证竹林的正常生长。

竹子开花除由生长寿命所致外，若生长环境恶劣，如严重缺水、营养不足、光合作用减弱等，也会导致竹子的氮素代谢降低，糖浓度相应增高，造成糖氮比较高，这就为花芽的形成和开花创造了条件。因此，为竹子创造适宜的生长环境，就可避免竹林出现意外开花现象。

▶迎春花

迎春花为何先开花后长叶？

迎春花与梅花、水仙和山茶花并称为"雪中四友"，是我国常见的花卉之一。它因在百花之中开花最早，花后即迎来百花齐放的春天而得名。你知道迎春花为什么总是先开花后长叶吗？

仔细观察迎春花的树枝可以发现，迎春花的花芽和叶芽是分开生长的。花芽大，生于枝的顶端，在冬天就可以在树枝上看到。迎春花在冬季处于休眠状态，但到了春天，气候稍微转暖，由于花芽开放所需的环境温度比叶芽萌发所需的温度要低，所以迎春花就先开花了。

不仅迎春花是先开花后长叶，大自然中很多植物都有这种特质。比如美丽的玉兰花也是先绽放美丽的花朵。

莲花真的是"出淤泥而不染"？

　　莲花，也叫荷花。莲花确实是"出淤泥而不染"，主要是因为莲叶表面具有疏水、不吸水的特点，落在叶面上的雨水会因表面张力的作用形成水珠，然后滚离叶面。另外，莲叶的外表层还布满了蜡质，而且有许多乳头状的突起，突起之间充满着空气，可以阻挡污泥浊水的渗入。所以，即使有少量的污泥黏附在荷花的叶芽或花芽上，也会被荡动的水波冲洗干净，待到挺出水面时，自然是光洁可爱、一尘不染了。

郁金香为何白天开放，晚上闭合？

郁金香为荷兰国花，花朵为单朵顶生，大而艳丽，花瓣红色或杂有白色和黄色，有时为白色或黄色。艳丽的郁金香受到很多人的喜爱。在郁金香花开的季节，仔细观察，你会发现郁金香一般白天开放，晚上闭合。

郁金香昼开夜合现象是植物的睡眠运动，这种运动的产生，一种是因温度变化引起的，温度变化使器官背腹两侧不均匀生长，通常在白天温度升高时开放，晚上温度低时它便闭合起来，如果把已经闭合的花移到温暖的地方，3~5分钟后便会重新开放；另一种是由于光线强弱的变化引起的，花朵一般在强光下开放，弱光下闭合。

▶美丽的郁金香

夹竹桃的花朵有毒吗?

夹竹桃虽也有"桃"字，但它与可结桃子的桃树不同，夹竹桃为常绿直立灌木，最高时可达5米，主要作为观赏植物栽培。其花朵为深红色或粉红色，目前还培育有白色和黄色花朵。夹竹桃花朵虽美丽，但却有一定的毒性，所以夹竹桃一定要在室外栽培。

▶ 夹竹桃花是有毒的

夹竹桃全株有剧毒，根及树皮含有强心苷和酞类结晶物质及少量精油；茎叶可制杀虫剂，其茎皮纤维还可提制强心剂；花朵毒性相对较弱。夹竹桃分泌出的乳白色汁液含有一种叫夹竹桃苷的有毒物质，人畜误食很少量就会中毒。夹竹桃中毒症状有头痛、头晕、恶心、呕吐、腹痛、腹泻，严重者还会出现心律失常，甚至休克死亡。

▶ 夹竹桃

石头花真是石头开的花吗？

　　石头花又名生石花，它并不是真的硬石头开出的花，而是多年生的小型肉质植物。石头花属于番杏科生石花属植物。石头花的外形和颜色酷似卵石，因此也被称为活石子、卵石植物等。

　　石头花原产于极度干旱、少雨的非洲南部沙漠砾石地带，通过长期的演化，它们的外形和颜色与周围生长环境极度相似，从而避免被天敌发现，以保护自己免受伤害。石头花具有抗旱的本领，它体内有许多像海绵一样能贮存大量水分的细胞。当长期得不到水分补充时，它就依靠体内贮存的水分维持生命。我们通常看到的石头花是它的一对叶子，这是一种变态的叶器官，而非大多数植物又薄又大的叶片。石头花的叶绿素藏在变了形的肥厚的叶内部。叶顶部有特殊的专为透光用的"窗口"，阳光只能从小小的"窗口"中照进叶子内部。为了减少烈日直射的强度，"窗口"上还带有颜色或具有花纹。

▶ 石头花

▶ 无花果

无花果真的没有花吗？

对于多数植物来说，开花结果是它们繁殖的必经过程，但无花果似乎"违背"了这一自然规律。因为人们往往还没看到它开花就看到了它长出果实。无花果真的像其名字所言没有花朵吗？

无花果主要生长于一些热带和温带地区，它属于开花植物，只是其花朵位置与普通植物不同。通常来说，完全花（具花托、花被、雄蕊、雌蕊四部分）植物的花托都会把花被和雌、雄蕊抬起，让花朵最鲜艳美丽的部分完全展现出来，从而招蜂引蝶实现传粉。但无花果的花却喜欢隐居在枝叶里，而它的雌、雄花还躲在囊状肥大的总花托里面。总花托顶端深凹进去，形成了一个很大的空间，同时也把雌、雄花给包起来，人们从外观上看去，根本看不到花，所以就以为它不开花了。

事实上，每当温暖的春天来临，以及秋高气爽、雨水充足的时候，无花果都会开花，且一年中也结两次果。我们吃的无花果是它的花托膨大形成的肉球，若把无花果的肉球切开，就可以看到肉球中有无数小球，小球中央有孔，孔内就生长着无花果的花。

▶花朵都是鲜艳多彩的，相对而言，高山上的花朵更加艳丽些

高山上的花朵为何特别鲜艳？

在春暖花开的季节，若去登山，你会发现高山上的植物看起来比平地上的植物要鲜艳，更能夺人眼球。高山上的树木花朵，真的比平地上的好看吗？答案确实如此，而其主要的原因和高山上日光照射有关。

海拔高的山上，空气较为稀薄，天空也比较澄澈透明。就因为这样，阳光中的紫外线会比平地上多很多，而紫外线有抑制植物生长的作用，让植物生长变得较为迟缓。高山植物为了适应高山环境，产生了很多类胡萝卜素和花青素，这两种物质就能大量吸收紫外线，使植物能正常生长。因为类胡萝卜素能使花朵呈现鲜明的橙色和黄色，花青素则使花朵呈现红色、蓝色、紫色等，这些红、黄、蓝、紫的颜色同时出现在花朵里，在阳光的照射下，就会显得十分鲜艳。这就是高山上的植物花色比平地上的植物花色更艳丽的原因。

高山上的昆虫相对温暖的陆地要少，花朵颜色艳丽还可吸引昆虫，以便给花朵传粉。

可以说，高山上的花朵颜色艳丽也是植物为了适应自然环境的结果。

part 4

神奇的特性

松树是如何在山上生存的？

　　泰山、黄山等山路两旁长着许多松树，为什么山上的松树比平坦陆地上的多呢？其实，这主要是因为山上和平地上的树木生长环境不同。

　　由于高山有一定的坡度，下雨时山坡上的泥土经常被雨水冲刷，植物需要的养分很容易被冲走，而不下雨时又容易遭受干旱，所以很多树木不易在山上成活。而松树的根系很发达，能够吸收贫瘠土壤里的养料，因此，即使在这样恶劣的环境里，它也能生存。而且松树的叶子是针形的，可以避免水分过度蒸发，所以，松树在干旱的季节里也不至于死亡。另外，山上的风比较大，松树针形叶面积较小，因此对风所形成的阻力很小。这样松树就不至于被刮倒，能够傲然挺立于高山之上。

▶ 高山上英姿挺拔的松树

松柏四季常青的秘密是什么?

在冬季的皑皑白雪中，多数树木都只剩下光秃秃的枝干，而松柏、冬青等却依然青葱碧绿，给寒冬带来盎然生机。松树、柏树为什么能四季常青呢？

在干燥或寒冷的季节到来时，水分、光照等大大减少，树木的水分供应不足，光合作用也变得缓慢，制造不出养料来。树木为了自身的生存就通过落叶来降低营养消耗。可以说落叶对植物是有利的。而松柏树的叶子不掉落是因为它们长期生活在寒冷的环境中，形成了独特的御寒构造。

▶ 松柏可四季常青

松柏树的叶一般都缩小呈针形、线形或鳞片形，由于叶片面积小，因而水分不容易蒸发散失。其次，松柏树的叶片内还具有厚厚的角质或蜡质，有的则生有很厚的绒毛，这些构造都有效地阻止了水分的蒸发。同时，松柏树叶片内水分少，又含松脂，当气温降低时，可以很快地使细胞液浓度增大，增加糖分和脂肪以便防冻。所以，虽在冬季，松柏树也不会缺水而干枯，保证了树木的生机。

其实，松柏树的叶子虽然冬季仍为绿色，但与春夏等温暖季节相比，颜色要差很多，为墨绿色甚至还有些发红。这是因为冬天气温低，叶内叶绿素的生成受到限制，花青素相对增加了，所以叶子就有些发红。这种颜色上的变化，能减弱叶内的光合作用，使树木生理活动变得缓慢，更有利于松柏安全过冬。

海边椰子树为何多数向海倾斜生长?

椰子树为热带喜光作物,适宜在低海拔地区生长,在高温、多雨、阳光充足和海风吹拂的条件下生长发育良好。一些热带海滨在做宣传的时候,总会将椰子树收入画面中。但仔细观察,你会发现无论图画中还是现实中,海边的椰子树多是斜着向海边生长的,这是为什么呢?

椰子树在海边生长的地势仅高于涨潮水面,由于靠近海边一侧的土壤结构要比另一侧薄弱,且树木的生长需要吸收淡水,靠近海边的椰子树因为吸收淡水困难,根就需要更深地伸入土壤,时间久了,在树根的作用下整个树木就斜向海边了。

椰子树斜向海边生长还有利于其种子的传播。当椰子树上的果实成熟时,由于椰子树的倾斜,椰果就能直接掉到海滩上或海水里,等着被海水冲走,然后随着流水旅行,直到再次被冲上海岸,然后在新的地方生根发芽,长成一棵新的椰子树。

▶ 海边的椰子树总是斜向海边生长

葱为什么分白、绿两部分？

种过豆芽菜的人都知道，它只有在阴暗的地方才会萌芽。所以，理论上说，凡是生长在没有光线地区的植物，它的颜色都不会是绿色。

栽植葱时，通常会在长出芽的周围覆盖上土壤，这就是埋在土壤内的葱白部分。

▶大葱

由于葱白部分与豆芽菜一样，吃起来感觉分外柔嫩味美，所以人们才会刻意地把葱芽上端覆盖土壤，使得葱产生葱白部分。同理，如果没有覆盖上土壤，那么，葱就只会产生绿色的葱叶，而不会有白色的部分产生。

"还魂草"真的能还魂吗？

人们所说的"还魂草"其实是一种多年生的草本蕨类植物——卷柏。卷柏一般枝杈丛生，样子扁平，呈浅绿色。作为一种普通植物，为什么卷柏又被称为"还魂草"，难道它真的可以"起死回生"吗？

卷柏极具抗旱本领。在天气干旱的时候，它的小枝就像一个个小手一样蜷缩起来。卷柏通过蜷缩和枯萎来保护住体内的最后一点水分不被蒸发掉。这样，大旱时候就可以维持自己的生命了。等到雨水降落，空气湿润的时候，那些蜷缩着的枝叶就舒展开来，卷柏似乎"死"而复生了。

▶干品卷柏

日本有位生物学家曾发现，用卷柏做成的植物标本，在时隔11年之后，把它浸在水里，它居然"还魂"复活，恢复生机了。

卷柏被称为"还魂草"就是缘于它顽强的生命力。

向日葵的花为何跟着太阳转?

向日葵别名太阳花，是菊科向日葵属的植物，因花序随太阳转动而得名。向日葵从发芽到花盘盛开之前这一段时间，的确是向日的，其叶子和花盘在白天追随太阳从东转向西。你知道这是为什么吗?

向日葵的这种向阳性是由于其花盘下的茎部含有一种奇妙的植物生长素，这种植物生长素具有两个特点：第一，背光，一遇到阳光照射，就跑到背光的一面去；第二，能够刺激细胞的生长，加速细胞的分裂繁殖。随着太阳在空中的移动，植物

▶向日葵就是因为其花序向着太阳转动而得名

生长素也在茎内不断地背着阳光移动，并且刺激背光的一面细胞迅速分裂，于是，背光的一面比向阳的一面生长得快，结果使得幼茎朝向生长慢的东侧弯曲，这样就使整个花盘朝着太阳弯曲。不过向日葵花盘并不是即时地跟随太阳，植物学家测量过，其花盘的指向落后太阳大约12°，即48分钟。太阳下山后，向日葵的花盘又慢慢往回摆，在大约凌晨3点时，又朝向东方等待太阳升起。

莲藕中的圆孔有什么作用？

莲藕是荷花的茎，生长在池塘的淤泥中，莲藕中有很多圆圆的小孔，这些小孔有什么用处呢？

植物和人一样也需要呼吸，由于藕埋在缺少空气的淤泥中，要想顺畅呼吸就需"另辟他径"。由于莲藕的小孔连着空心

▶ 莲藕

的长叶柄，长叶柄一直通到挺立在水面上的荷叶。这样，从叶子吸进来的空气就能平顺地通到淤泥中的藕体内，藕就可以顺畅地呼吸了。

"藕断丝连"是怎么回事？

▶ 切开的藕片间总会有些不断的丝

藕被切断后，会出现很多白丝，藕虽已断，丝却相连。因此，人们常用"藕断丝连"来比喻没有彻底断绝关系。那么藕中为什么会有很多白丝呢？

原来，藕的结构中，会有一些与人体血管一样的组织，称为导管。藕中导管的内壁上有环形和螺旋形的花纹，有保护导管的作用。藕被折断时，螺纹导管会像弹簧一样被拉长而不断，这就是藕丝。每根藕丝有3～8根细丝，它们像弹簧一样盘曲着，可以拉长。最长的可达10厘米，一放手又会缩短。

爬山虎为什么能爬高？

每当炎炎夏季，在城市中总能见到被爬山虎围绕的高楼，能在爬山虎的绿荫中开一扇窗会给人一种童话般的美感。在欣赏这种美丽的同时，我们不禁疑惑：爬山虎为什么能爬满几十米的高楼呢？

爬山虎为多年生落叶藤本植物，它的茎如不攀缘在别的物体上就无法向上生长。爬山虎的茎上有卷须，卷须生有许多枝子，每根枝子上的末端都有吸盘，能够附着在墙壁上、大树上或岩石上。这些吸盘就像爬山虎的脚一样，不管墙壁表面有多光滑，吸盘都能牢牢地吸附在上面，爬上十几米的墙壁，直到屋顶。爬山虎附着在墙壁上非常牢固，不用大力气，很难将它的茎扯下来。爬山虎的生长速度快，如在墙边栽一棵，它的茎可以很快蔓延到整个墙壁。若在房子四周种上爬山虎，用不了几年，它就会爬满整个墙面，等于给房子穿上了一件绿色外衣。住在这种穿上绿色外衣的屋内，会比住在普通房子里凉快得多。

爬山虎一般冬季落叶，春季重新萌发生长，秋天叶片变为黄色或红色。

▶爬山虎总能"爬墙"而长

樟柯树是如何灭火的？

生长在非洲丛林中的樟柯树，是一种常绿树，樟柯树能引人瞩目是因为它有奇特的"灭火"功能。

樟柯树能灭火是因为它有一个天然的自动"灭火器"。樟柯树树型高大，枝叶茂密，细长的叶片向下拖曳，长约2.5米，从树枝垂挂下来。可就在这繁茂的叶丛中隐藏着许多馒头一般大小的圆球，这些圆球并不是树木的果实，而是它的灭火"武器"——节苞。节苞上有许多小孔，就像莲蓬头上的小孔一样，里面装满了白色透明的液体。科学家分析后发现，这些液体中竟然含有大量的四氯化碳，真可说是名副其实的"消防器"。樟柯树对火特别敏感，一旦附近出现了火光，樟柯树就立即对节苞发出行动"指令"，树上的节苞就会猛然喷射出液体泡沫，将火焰扑灭，从而使茂密的森林"转危为安"。一位科学家曾对这种防火的敏感性进行试验，他有意站在樟柯树下用打火机吸烟，谁料火光一闪，顿时从树上劈头盖脸地喷出了白色的液体泡沫，使打火机的火顿时熄灭，这位科学家也满身白沫，狼狈不堪。

▶一般树木都怕火，但樟柯树却能灭火

你见过能吃人的树吗?

　　世界上能吃动物的植物约有500多种，但绝大多数只能吃些细小的昆虫。可是，生长在印度尼西亚爪哇岛上的一种树，名叫奠柏，它居然能把人"吃"掉，真是世界上最凶猛的树了。奠柏难道真的如人们所说能"吃"人吗？

　　奠柏为猪笼草科植物，为食肉的树木。树高八九米，长着很多长长的枝条，垂贴地面。有的像快要断了的电线，在风中摇晃。奠柏的这种"弱不禁风"其实是一种假象，一旦有动物不小心碰到这些枝条，所有的枝条就像魔爪似的向同一个方向伸过来，把猎物卷住，而且越缠越紧。在捕获"猎物"之后，树枝很快就会分泌出一种黏性很强的胶汁，能消化被捕获的"食物"，这样猎物就成为树的美餐了。

　　当地人已掌握了它的"脾气"，只要先用鱼去喂它，等它吃饱后，懒得动了，就赶快去采集它的树汁。因为这种树的汁液是制药的宝贵原料。

▶奠柏与图中猪笼草的捕食方式十分相似

夜光树的叶子真的可以自动发光吗?

在我国贵州省三都水族自治县的原始森林里，曾经发现了5棵罕见的"夜光树"。在没有月亮的夜晚，当地人会看到这样一种奇景：在一棵大树的枝杈上，有成百上千个两寸多长的"月牙儿"正在闪着荧光。当微风吹过的时候，千百个"月牙儿"轻轻地摇啊摇的，好看极了。原来那"小月牙儿"就是"夜光树"上会发光的叶子。这些叶子为什么会发光呢?

这是因为这些植物体内有一种特殊的发光物质——荧光素和荧光酶。生命活动过程中要进行生物氧化，荧光素在酶的作用下氧化，同时放出能量，这种能量

▶夜光树发出的光，与萤火虫发出的光一样，都是生物光，光色柔和

以光的形式表现出来，就是我们所看到的生物光。生物光是一种冷光（自然界中一些动植物发出的光都并不热，所以人类就把它称为"冷光"），它的发光效率很高，有95%的能量可以转变为光，而且光色柔和、舒适。

▶在密密的丛林中处处都是生存的故事。不仅动物能到处奔走，甚至还有苏醒树这样的可逐水源而居的植物

世界上真有可以走路的树吗？

　　一株植物，除非有人移动它，否则一辈子都得在一个地方定居，这似乎是天经地义的，但是苏醒树却打破了这种定律，它能随风"行走"，自己寻找适宜的生存环境。

　　据了解，这种苏醒树是有灵性、有感应的植物，它能不断适应周边的环境，比一般的植物要高级些，用人来比喻，就是很天才的一类。苏醒树能自己行走，自由地调整自己的活动地点。这种植物在水分充足的地方能够安心地生长，而且十分茂盛。一旦生长之地干旱缺水，它就会把根从泥土中抽出来卷成一个球体，一起风就会被风吹着"行走"。遇到有水的地方，它就会停留下来，将根插入水中获得养分，开始它的新生活。

　　苏醒树能有意识地控制自己的身体从而帮助自己更好地生存，虽然不能像人类一样改变环境，但它能让自己找到所需的环境并在那里生活下来，简直就是植物中的奇迹！苏醒树总是努力使自己重生，这就是人们叫它苏醒树的原因。

樟木为何可以防蛀？

在我国江南地区，樟木随处可见，尤其以我国台湾省最多，樟木产量占世界的70%。

樟树的所有部分都可以提取樟脑和樟油。它们是制造胶卷、胶片、塑料的重要原料，还被大量地应用在医药、香料制作、防腐、防蛀等方面。我们日常使用的樟脑球就是从樟树中提取出来的。樟油经过分离处理还可以用在冶金选矿和制造杀虫剂、化妆品上。

樟木全身都有一种独特的香味。虫子最怕闻到这种气味，用樟木制成的家具、箱子不仅美观大方、带有香味，而且能长期防虫蛀。樟木因此非常受人们的欢迎，被广泛应用到建筑、家具制造等方面。

▶古樟树

捕蝇草是如何捉虫的?

　　捕蝇草是很受欢迎的一种食虫植物，它的叶片是最主要并且明显的部位，具有捕食昆虫的功能。那么，外形像小夹子似的捕蝇草是如何捕捉虫子的呢？

　　捕蝇草的捕虫过程大概是所有食虫植物之中最为奇特、捕虫机制最为复杂的。捕蝇草的捕虫器就是由一左右对称的叶片所形成的夹子。这个夹子状的构造是由叶子变化而来的，至于连接捕虫器那个叶片状的构造则是叶柄。捕虫夹上的外缘排列着刺状的毛，

▶ 捕蝇草依靠叶子捕虫

这些毛看上去很锐利，其实很软。这些毛的功能是用来防止被捕的昆虫逃脱。当捕虫夹夹到昆虫时，这些夹子两端的毛正好交错，形成一个牢笼，使虫无法逃走。

　　捕虫夹内侧覆盖着许多微小的红点，这些红点就是捕蝇草的消化腺体。在捕虫夹内侧可见到三对细毛，这便是捕蝇草的感觉毛，用来侦测昆虫是否走到适合捕捉的位置。在感觉毛的基部有一个膨大的部分，里面含有一群感觉细胞，当昆虫推动了感觉毛，感觉毛就会压迫感觉细胞，感觉细胞会发出一股微弱的电流，去通告捕虫器上所有的细胞，使电流通向整个捕虫夹，从而引发捕虫夹的闭合运动。在捉住昆虫后，夹子会关闭数天到十数天，此时昆虫被分布于捕虫器上的腺体所分泌的消化液消化。昆虫被消化完后，捕虫器会再度打开，等待下一个猎物；剩下无法被消化掉的昆虫外壳，便被风雨带走。

　　自然造物的神奇往往能超越人类的想象，捕蝇草就是这一神奇的证明。

冬虫夏草是如何长成的？

▶冬虫夏草

冬虫夏草是虫草的一种，主产于青藏高原，简称"虫草"。冬虫夏草为虫体与菌座相连而成，全长9~12厘米。虫体如三眠老蚕，长3~6厘米，粗0.4~0.7厘米。冬虫夏草作为名贵的中草药十分受人们欢迎，你知道这个冬季为虫、夏季为草的虫草是如何长成的吗？

冬虫夏草的虫是蝙蝠蛾的幼虫，菌是虫草真菌。

每当盛夏，海拔3800米以上的雪山草甸上，冰雪消融，蝙蝠蛾便将千千万万个虫卵留在花叶上。继而蛾卵变成小虫，钻进潮湿疏松的土壤里，吸收植物根茎的营养，逐渐将身体养得肥胖。这时，球形的子囊孢子遇到蝙蝠蛾幼虫，便钻进虫体内部，吸取其营养，萌发菌丝。当蝙蝠蛾的幼虫吃了带有虫草真菌的叶子时也会成为子囊孢子的寄主。

受真菌感染的幼虫，逐渐蠕动到距地表2~3厘米的地方，头上尾下而死，这就是"冬虫"了。幼虫虽死，但其体内的真菌却依靠其体内的营养继续生长，直至充满整个虫体。到了第二年春末夏初之际，虫子的头部长出一根紫红色的小草，2~5厘米高，这就是"夏草"了。

冬虫夏草之所以名贵是因为其主要活性成分虫草素具有调节免疫系统功能、抗肿瘤、抗疲劳等多种功效。要想获得有效成分最高的冬虫夏草就需掌握其挖取时机，一般夏至前后是其最佳的挖取时机。夏至前后，当积雪尚未融化时入山采集，此时子座多露于雪面，过迟则积雪融化，杂草生长，不易找寻，且土中的虫体枯萎，不合药用。

断肠草真的能"断肠"吗？

断肠草并不是专指一种物质，而是至少10个以上中药材或植物的名称，如胡蔓藤、毒根、山砒霜、黄藤、雷公藤、麻醉藤、钩吻、火把草、水莽草等都属于断肠草中的一种。断肠草真的可断肠吗？

据记载，误食断肠草后肠子会变黑并粘连，最后腹痛不止直到死亡。所以误食断肠草只会导致肠子粘连，腹痛不止，而并不能"断肠"。人们之所以称其为断肠草是源于神农氏去世的传说。

神农氏为中国古代神话人物，为中国农业之神。相传神农氏有着一副透明的肚肠，

▶ 钩吻

能清楚地看见自己吃到腹中的东西，为了寻找能解除群众疾病苦痛的药材，他常年奔走在山林原野间，遍尝百草。神农氏尝了很多有毒的叶子，每次都能化险为夷。直到有一次，神农氏在一个向阳的地方发现了一种叶片相对而生的藤，这种藤上开着淡黄色的小花，于是神农氏就摘了片叶子放进嘴里咽下。这种草毒性很大，毒性很快就发作了，神农氏还没来得及吞下那些解毒的叶子，就看见自己的肠子已经断成一截一截的了。这位尝尽无数草药的神农氏，就这样断送了自己的性命，因此这种植物被人们称为断肠草。

这个传说中的断肠草为钩吻，属胡蔓藤科植物，其主要毒性物质是胡蔓藤碱。除钩吻等藤本科植物之外，毛茛科的乌头、大戟科的大戟等，也因其剧毒而被称为断肠草。

土豆是植物的根还是茎?

土豆又名马铃薯、洋芋、山药蛋等，原产于南美洲的秘鲁和智利等地，它是茄科多年生草本植物，农业上按一年生作物栽培。地上部分茎秆稍呈三角形，茎上有毛，互生奇数羽状复叶。夏季开花，其花色有黄、白、紫红、粉红。果实呈球形，种子很小。地下茎膨大成为块茎，土豆是植物的茎，而不是根。

土豆的形状各种各样，有球形的、卵形的，还有细长形和椭圆形的等。它的表皮有黄、白、红、紫等颜色，表皮上还有许多芽眼，芽眼的深浅、数量因品种不同而有所不同。

▶ 土豆

柠檬为什么特别酸?

　　黄黄的柠檬果有一种浓郁的芳香气,虽然其为柑橘属植物柠檬树的果实,但是它奇酸无比,所以很少作为水果被食用,只被用作上等调味料来调制饮料、菜肴。为什么柠檬特别酸呢?

　　柠檬之所以很酸,是因为其中含有丰富的柠檬酸,每升柠檬汁中含有49.88克的柠檬酸。因

此柠檬被誉为"柠檬酸仓库"。除柠檬酸外,柠檬中还含有丰富的维生素C、烟酸和多种有机酸。因为太酸,柠檬基本不用作鲜食,而多用于调味品。

面包树真的能长出"面包"吗?

　　面包树是一种常绿乔木,原产于马来半岛及波利尼西亚。它是一种木本粮食植物,肉质的果实富含淀粉,烧烤后味如面包,所以人们将其称为"面包树"。

　　面包树的每个果实是由一个花序形成的聚花果,含有大量的淀粉和丰富的维生素A、B族及少量的蛋白质、脂肪。面包果烧烤后松软可口,酸中有甜,常被用作口粮。所以,面包树并不能长出真正的面包,只是其果实经过加工味如面包而已。

　　面包树一年内有9个月的结果时间,一棵面包树一年可结200颗果,是食用植物中产量最高的种类之一,因此,面包树的果实是许多热带地区人们的主食。

▶面包树

海檬树为何又被称为"自杀树"?

海檬树生长在印度西南部地区，其果实即为海檬果。海檬果含有剧毒，这种果实常被作为自杀工具，因此，这种树又被称为"自杀树"。

海檬树高15米，生长着深绿色叶子和果实，打开果实有乳白色液体。开花时期其花朵呈白色，散发着茉莉香味，海檬果是绿色的，看起来像小芒果，因此许多儿童第一次看到海檬果，便误认为是芒果而食用，最终死于非命。不仅如此，在印度当地，有很多成年女性的死亡也总与海檬果相关。

研究专家称，海檬果的毒性主要是一种名为海檬果毒素的物质，它可使人体心脏停止跳动，与通常所表现的心脏病发作十分相似。由于之前医学界对海檬果知之甚少，若利用海檬果进行自杀或谋杀，很难辨清死因，因此人们都说海檬果能"杀人于无形"。

▶ 海檬树

植物中的珍宝

人参为何被称为"百草之王"？

70

▶ 人参

人参是闻名遐迩的"关东三宝"（人参、貂皮、乌拉草）之一，是驰名中外、老幼皆知的名贵中药材。历代中医对人参的功效都很推崇。又因为人参为多年生草本植物，因此被称为"百草之王"。

人参是第三纪孑遗植物，自古以来就被东方医学界誉为"滋阴补生，扶正固本"的极品。它可以增加人体的热量，增强大脑皮层兴奋过程的强度和灵活性，减少疲劳，提高免疫力。人参顶端的根茎部分还是一种温和的催吐药。它的叶子可以治疗咽喉肿痛。同时人参活性物质还具有抑制黑色素的还原性，能使皮肤洁白光滑。人参与其他药配合，可以医治多种疾病，可以说人参浑身是宝。人参主要的药用部分是它的根。人参生长的年代越久，就越贵重。有经验的药农从人参"头"上的凹痕就可以推算出人参的年龄，凹痕越多，人参的年龄越大。

长期以来，由于过度采挖，资源枯竭，人参赖以生存的森林生态环境遭到严重破坏，导致真正的野生人参已经非常稀少，目前野生人参已被列为我国一级保护珍稀植物。

植物界的"巨人"是哪种树？

　　红杉分布于美国加利福尼亚州和俄勒冈州海拔1000米以下、南北长800千米的狭长地带。红杉树生长神速，一般成熟的红杉都高达60～100米。红杉树皮厚，具有很强的避虫害和防火能力，一般都能活800多岁，有不少已达2000～3000年的高龄。在加利福尼亚北部，气候温和，土壤肥沃，这里的任何一个树种都可能是全世界最高的。同样，在这里，也生长着世界上最高的红杉，它高112.7米，树龄已达2000岁。红杉作为一个整体是世界上最高的物种，它们忍受住了干旱的威胁、大风和雷电的袭击，成了植物界的"巨人"。

▶ 红杉

银杉为什么独存于中国?

银杉,是300万年前第四纪冰川后残留至今的古老的残遗植物,被植物学家称为"植物熊猫",是中国特有的世界珍稀物种,国家一级保护植物,和水杉、银杏一起被誉为植物界的"国宝"。为什么银杉会独存于我国呢?

在我国广西壮族自治区龙胜、临桂两县交界的地方,山岭险峻,雾海如云,海拔1800多米处,有一片原始森林。就在这一片茫茫的林海之中,有一种树冠闪耀着银白色光亮的树,它就是我国特有的珍稀植物——银杉。

远在地质时期的新生代第三纪时,也就是在两亿多年前,银杉曾广泛分布于北半球的亚欧大陆,在德国、波兰、法国及苏联曾发现过它的化石。但由于第四纪冰川的浩劫，许多植物遭到侵害，相继死亡，银杉也濒于绝迹。由于我国南部的低纬度区地形复杂，阻挡着冰川的袭击，我国的冰川比较零星，大多是山麓冰川，加上河谷地区受到温暖湿润的夏季风影响，冰川活动被限制在局部地区，这种得天独厚的自然环境，成了一些古老植物的避难所，银杉也因此才能繁衍至今。

银杉树木高大、刚劲挺拔、木材坚实、纹理细密，可供建筑和造船。同时又因树姿优美壮观，成为珍贵的观赏植物。银杉对研究松科植物的系统发育、古植物区系、古地理及第四纪冰川气候等，均有较重要的科研价值。

水杉为何被看作古老的"活化石"？

▶ 水杉

水杉为落叶乔木，杉科水杉属现存种，我国特有的孑遗珍贵树种。在1亿多年前水杉就已经生长在地球上，到距今1万多年前，水杉已经在地球上广泛分布。后来遭受冰川浩劫，大范围灭绝，只在我国四川、云南、湖南的部分地区得以幸存，称为旷世奇珍。

水杉树木高大挺拔，树冠形似宝塔。各枝上长有小枝，向两侧水平展开，小枝上长有披针形或线形的短叶，绮丽动人。作为古代遗留下来的珍品，水杉是世界上绝无仅有的珍贵树种。据古植物学家考证，它的远祖起源于1亿多年前的中生代白垩纪，后来水杉遍布地球。但随着冰川时代的到来，很多杉科植物都灭绝了，人们也一度认为水杉在世界上已绝迹。

1941年，我国科学家在四川与湖北交界处的山谷中发现了水杉的踪迹，1948年正式定名为水杉。水杉的发现为研究古植物学、古气候学、古地理学及地质学等，都提供了非常有价值的资料，震惊了科学界。人们都认为这是20世纪的重要发现和伟大成就，也给水杉冠以植物界珍贵的"活化石"之名。这一宝贵植物被各国争相引种，现今已经引种到50多个国家和地区。

水杉不仅是著名的观赏树木，同时也是荒山造林的良好树种，它的适应力很强，生长极为迅速，在幼龄阶段，每年可长高1米以上。水杉的经济价值很高，其心材紫红，材质细密轻软，是造船、建筑、桥梁、农具和家具的良材，同时还是质地优良的造纸原料。

 水杉

▶银杏

银杏为何被称为"世界第一活化石"？

银杏为落叶乔木，其叶夏绿秋黄，像一把把打开的折扇，形状别致美观，是著名的观赏树种。大约2亿年以前，地球上的欧亚大陆到处都生长着银杏类植物，可以说银杏是全球最古老的孑遗植物，因此人们称它为"世界第一活化石"。

银杏树的叶子十分奇异，像一把扇子，叶脉二叉分枝，是一种原始的叶脉。银杏为雌雄异株，其种子为橙黄色，形状像杏子，银杏的名称就由此而来。银杏适应性强，抗污染和抗烟尘，是一种优良的园林绿化树种，对改善城市生态环境具有积极的作用。

银杏是裸子植物银杏科中唯一存留下来的一种。银杏的枝、叶形态及扇状叶脉等特点，都与其他进化较完全的裸子植物不同，是现存种子植物中最古老的一属。大2两亿年以前，地球上的欧亚大陆到处都生长着银杏类植物，后来在200多万年前，第四纪冰川出现，大部分地区的银杏毁于一旦，残留的遗体成了印在石头里的植物化石。这场大灾难后，只有我国还保存了一部分活的银杏树，绵延至今，成了研究古代银杏的活教材。

▶ 银杏

百山祖冷杉会不会灭绝？

百山祖冷杉是裸子植物门松科冷杉属常绿乔木，为我国东南沿海唯一残存至今的冷杉属植物，目前自然生长的仅存3株。1987年，国际物种生存保护委员会将百山祖冷杉公布为世界上最受严重威胁的12个濒危物种

▶ 百山祖冷杉的叶果

之一。在我国，百山祖冷杉被列为国家一级重点保护野生植物。百山祖冷杉数量为什么如此之少呢？

冷杉是裸子植物松科中的一个小家族，百山祖冷杉是冷杉家族中最珍贵的种类，有"植物活化石"及"植物大熊猫"的美称。濒危原因主要有：

1.全球气温回升。在冰川期过后全球气温回升，冷杉不能适应高温环境，其分布区向高纬度和高中海拔山地退缩，形成现代的我国南方冷杉的孤岛状分布。百山祖冷杉被发现后，人们又相继发现了梵净山冷杉、大院冷杉等新的冷杉品种，但数量都不多。

2.人类开发活动。由于人类开发活动及森林火灾，使冷杉分布区的"孤岛"面积更为缩小，如浙西南闽东山地，历史上由于交通阻塞，森林的直接经济效益无法实现，加上烧荒驱兽，形成了一些山区盲目烧荒的传统习惯，烧毁当时被认为"多余的"森林。

环境的变化迫使生物适应新的环境，使生物的形态或适应能力产生变异，能适应的少部分物种得以存活。同时物种本身的繁殖方式也决定了其数量。如百山祖冷杉种群个体本身就很少，被发现时只有不到10株；加上此树开花结实的周期长，天然更新能力弱，在遭受洪水、人为采挖等灾害后，百山祖冷杉就只剩下3株了。

为了拯救这一濒危物种，我国不断对其进行人工繁育，目前在百山祖国家级自然保护区内，人工繁育的80多株百山祖冷杉种子实生苗正茁壮成长。

什么树的花朵像鸽子？

珙桐是1000万年前新生代第三纪留下的孑遗植物，在第四纪冰川时期，大部分地区的珙桐相继灭绝，只有部分在我国南方的一些地区幸存下来。珙桐初夏开花，花形奇特，似白色鸽子，随风而舞，极其漂亮，西方人引种后称其为"中国的鸽子树"。

珙桐为落叶乔木，可生长到15～25米高，枝叶繁茂，叶大如桑，初夏开花，花形与展翅的鸽子极为相似。珙桐的花紫红色，由多数雄花与一朵两性花组成顶生的头状花序，宛如一个长着"眼睛"和"嘴巴"的鸽子脑袋，花序基部两片大而洁白的总苞，则像是白鸽的一对翅膀，黄绿色的柱头像鸽子的嘴喙。当珙桐花开时，张张白色的花苞在绿叶中浮动，犹如千万只白鸽栖息在树梢枝头，振翅欲飞，因此珙桐被称为"鸽子树"。

珙桐的野生种只生长在我国西南的四川省、中部的湖北省及周边地区，为我国特有树种。自从1869年在四川省被发现后，珙桐先后被各国引种，所以珙桐又被称为"中国的鸽子树"。目前珙桐已是世界著名的珍贵观赏树，受到了各国人民的喜爱。

▶ 美丽的珙桐

秃杉为什么弥足珍贵？

秃杉又名台湾杉，是世界稀有的珍贵树种，只生长在缅甸及我国台湾、湖北、贵州和云南，为我国的一类保护植物。最早是1904年在我国台湾中部中央山脉乌松坑海拔2000米处被发现的。秃杉珍贵是因为其为1.1亿年前残遗的植物，在地球上经历了四次冰川期气候变冷的严峻考验，同属的其他种类已全部灭绝，秃杉却幸存了下来。其次，秃杉由于树干通直、材质优良而遭受大量砍伐，加上其更新不良，使得数量极为有限。

▶秃杉枝叶

秃杉是珍稀的孑遗植物，冰川期以后仅存于我国的云南省西北部、贵州省西部、四川省东南部等地的山地沟谷林中，国外仅缅甸北部有少量分布。

秃杉为常绿高大乔木，高可达60～75米，直径2～3米。它生长缓慢，直至40米高时才生枝，几十年才能结果。高大的树身使得秃杉采种困难，这也在一定程度上影响了秃杉的繁殖。但秃杉却是重要的用材树种，其材质轻软，结构细密，纹理直，易加工，是建筑、桥梁和制造家具的好材料。正是因为秃杉是好"材"，所以遭到了过度砍伐，已近濒危，因此更弥足珍贵。

现今秃杉已被列为国家一类保护植物，明令禁止砍伐。

桉树能够"浴火重生"吗?

澳大利亚数亿年来与世隔绝的状态造就了它独特的动植物种群,众多的奇花异草和珍稀树木安静地生长在这里,桉树就是这些珍稀树木的代表。大多数树木都怕火,而桉树却能"浴火重生",甚至更美丽。

根据研究,澳大利亚的桉树有500多个品种,高的可达100多米,树干笔直挺立;矮的只有一两米,呈灌木状。为了生存,桉树在长期的进化过程中形成了许多独特的生长特点,如为了避开灼热的阳光,减少水分蒸发,桉树的叶子都是下垂并侧面向阳。桉树还能对抗频繁的火灾,桉树的营养输送管道都深藏在木质层的深部,种子也包在厚厚的木质外壳里,一场大火过后,只要树干的木心没有被烧干,雨季一到,又会生机勃勃。桉树种子不仅不怕火,而且还借助大火把它的木质外壳烤裂,便于生根发芽。桉树可以"浴火重生",大火过后不仅能获得新生,而且还会长得更好,繁殖得更多。

▶ 高大的桉树

棕榈浑身都有什么"宝"？

棕榈树属常绿乔木，高可达7米，树干直立，不分枝。棕榈树既可观赏，又有很高的经济价值，所以人们称其为"宝树"。

棕榈树用途很广，树干可做亭柱、栏杆，耐潮防腐。棕片性柔软，有韧性，耐水湿，经久不腐，可制船缆绳索、蓑衣、棕棚、棕帚、地毯。棕边、棕壳富有弹性，可以填塞沙发，或盖圆亭屋顶。棕叶可制扇、搓绳。棕树种子研成粉，是优良的家畜饲料，果皮含蜡质达16%，可制复写纸、地板蜡等。棕榈树中油棕榈的果实还可用来榨油，即棕榈油。不仅如此，在中医学中，棕榈叶柄基部的棕毛还可入药，其性平味苦涩，有止血的功效，一般炒炭后应用。

虽然棕榈树生长缓慢，要7~8年后才能开剥棕皮，但可持续几十年。通常，每年采剥棕片两次，一次在春季棕树花开时，一次在秋天果熟前。人们歌颂棕榈树说："不吃你的饭，不穿你的衣，每年还送上一层皮。"

可以说棕榈树浑身是宝，也难怪人们称其为"宝树"了。

 棕榈树

跳舞草真的能随音乐跳舞吗？

跳舞草是一种濒临绝迹的珍稀植物，它具有舞动的特性。在气温不低于22℃时，尤其是在阳光下，当它受到声波刺激时，会随之连续不断地上下摆动，犹如飞行中轻舞双翅的蝴蝶，又似舞台上轻舒玉臂的少女，因此而得名。跳舞草为什么能随音乐而舞呢？

▶ 跳舞草

跳舞草属蝶形花科直立小灌木，又名风流草，它是自然界唯一能够对声音产生反应的植物。跳舞草可以伴随音乐翩翩起舞，并非整个植株在运动，引起人们兴趣的所谓舞蹈，是它的一对侧小叶能进行明显的转动，或做360°的大回环，或做上下摆动。同一植株上各小叶在运动时虽然有快有慢，但却颇具节奏。时而两片小叶同时向上合拢，然后又慢慢地分开平展，似蝴蝶在轻舞双翅；时而一片向上，另一片朝下；有时许多小叶还同时起舞，此起彼落。

跳舞草小叶不停舞动的原因是由于其小叶柄基部的海绵体组织对光有敏感反应。每当太阳照射，温度上升，植物体内水分加速蒸发，海绵体就会膨胀，小叶便左右摆动起来。跳舞草的小叶还有声感，它的叶片两侧生有大量的线形小叶，对声波非常敏感。当它受到音量35～40分贝的歌声振荡时，海绵体也会收缩，带动小叶片翩翩起舞。当然这音乐一定要优美抒情，若音乐杂乱无章又十分吵闹，跳舞草的小叶就会"罢舞"，不动也不转了。

油棕为何被称为"世界油王"？

油棕原产于非洲西部，属棕榈科油棕属，它也是著名的经济作物，因其果实产油率高，所以油棕有"世界油王"之称。

油棕雌雄同株，茎直立，不分枝，肉穗花序，在气候适宜的情况下可四季开花结果。油棕的核果卵形或倒卵形，每个大穗结果1000～3000个，聚合成球状。最大的果实重达20千克，果实经过加工可获得棕榈油。由油棕果实榨出的油叫作棕油，由棕仁榨出的油称为棕仁油，都是优质的食用油。油棕是世界上单位面积产量最高的一种木本油料植物。一般亩产棕油200千克左右，比花生产油量高五六倍，是大豆产油量的近10倍，因此有"世界油王"之称。

棕榈油除作为食用油外，还可精制成高级奶油、巧克力糖，代替可可脂、冰淇淋用油等。在工业上可制造优质香皂等。果壳可提炼醋酸、甲醛，制活性炭、纤维板。棕油饼可做饲料。油棕树的经济寿命有20～25年之久，可以说是名副其实的"摇钱树"。我国的海南、广西、广东、台湾、福建、云南等省区都有引种，目前正在积极兴建油棕园。

▶ 油棕果实

桫椤为何被誉为"蕨类植物之王"？

　　桫椤又名台湾桫椤、桫椤树、树蕨等，是桫椤科桫椤属蕨类植物。桫椤是目前已经发现的唯一的木本蕨类植物，因其极为珍贵，故有"蕨类植物之王"的美誉。

　　桫椤是古老蕨类植物，蕨类植物是高等植物中较为低级的一个类群。在远古的地质时期，蕨类植物大都为高大的树木，后来由于大陆的变迁，多数被深埋地下变为煤炭。尚生存在地球上的大部分是较矮小的草本植物，桫椤是极少数一些木本种类中的一种。桫椤与恐龙同

桫椤

时代，是恐龙的主要食物之一。桫椤树高3～4米，最高达8米。

　　由于桫椤科植物的古老性和孑遗性，它对研究物种的形成和植物地理区系具有重要价值，它与恐龙并存，在重现恐龙生活时期的古生态环境，研究恐龙兴衰、地质变迁方面具有重要参考价值。但经历过沧海桑田的桫椤由于人为砍伐或自然枯死，现存数量已十分稀少，加之大量森林被破坏，致使桫椤赖以生存的自然环境变得越来越恶劣，自然繁殖越来越困难，桫椤的数量更是越来越少，已处于濒危状态。现在很多国家都将桫椤列为一级保护的濒危植物。